OFFICE SOCIAL
Le Déglin, 6, rue de l'Équitation
NANCY

Le Guide
des Sinistrés

POUR LA

DÉCLARATION DES DOMMAGES DE GUERRE

PAR

L'Abbé THOUVENIN

Secrétaire de l'Union des Syndicats lorrains

Prix : 40 centimes

(5 centimes en plus par la poste)

NANCY

ANCIENNE IMPRIMERIE VAGNER

3, Rue du Manège, 3

1915

Pour obtenir la réparation des dommages solennellement promise par le Gouvernement, le sinistré doit d'abord en faire une déclaration aussi complète que possible.

La présente publication, *sans discuter ni les lois ni les décrets*, guidera le sinistré dans cette déclaration conformément au décret du 4 février 1915 et aux instructions du ministère de l'intérieur et de la commission supérieure.

Ce *Guide* est destiné aux cultivateurs, fermiers, propriétaires et ouvriers, qui forment la grosse majorité des sinistrés. Les industriels et commerçants ont d'ailleurs des moyens de défendre leurs intérêts.

Le Guide des Sinistrés

POUR LA DÉCLARATION

DES DOMMAGES DE GUERRE

PREMIÈRE PARTIE

DOMMAGES — DÉCLARATION
COMMISSION

I. — *Quels sont les dommages à réparer ?*

Le décret du 4 février 1915 s'occupe de réparer seulement les dommages :

Matériels. — On fera d'autres lois pour réparer le dommage causé par des blessures ou par la mort ; le préjudice moral, la perte d'un objet qui n'avait qu'une valeur de sentiment (couronne de mariée, photographie) non évaluable en argent, ne doivent pas entrer en ligne de compte ;

Résultant de faits de guerre. — Même s'ils sont antérieurs au 2 août 1914, pourvu que le dommage ait été causé par des travaux de défense nationale ;

Individuels. — Dans la déclaration, il n'y a pas lieu de comprendre les réquisitions et contributions imposées par l'ennemi à une commune ou à la généralité des habitants ; ici la commune est responsable et elle réclamera une indemnité suivant des règles qui seront indiquées plus tard ;

Directs. — N'est pas compris le préjudice résultant de l'interruption d'un commerce ou d'une industrie. Ainsi, sans la guerre, un cultivateur fournissant le lait en ville aurait gagné 1.000 francs : perte indirecte à ne pas évaluer. Un cultivateur, sans les réquisitions, aurait une plus-value de 2.000 francs sur son équipage : perte indirecte à ne pas considérer.

Les dégâts et pillages causés par les troupes françaises ou alliées dans leurs cantonnements sont régis par la loi du 3 juillet 1877 et par le décret du 27 décembre 1914 ; mais si l'on n'a pu remplir en temps voulu les formalités prescrites, on pourra déclarer ces pillages et dégâts comme dommages de guerre.

II. — *Comment un sinistré peut-il réclamer la réparation des dommages de guerre ?*

En faisant une déclaration, avec leur évaluation, de ces dommages.

III. — *Quand, comment, dans quelle proportion le sinistré sera-t-il payé ?*

Nous n'en savons rien aujourd'hui. Tout cela sera réglé par des lois ultérieures. Actuellement, nous n'avons à nous occuper que de la *déclaration et de l'évaluation des dommages.*

IV. — *Qui signe la déclaration de dommages ?*

Le sinistré,
Ou le maire,
Ou toute personne à laquelle la commission reconnaîtra qualité, par exemple un parent ou un habitant sinistré de la commune, agissant comme mandataire gratuit.

Si c'est une association, par exemple un syndicat agricole, une mutuelle-bétail qui est sinistrée, la déclaration est signée par son représentant légal (président, secrétaire...).

V. — *A qui est adressée la déclaration ?*

Au maire de la commune où s'est produit le dommage et non pas au maire de la commune où réside le sinistré.

VI. — *Comment est-elle adressée au maire ?*

Elle est déposée à la mairie,
Ou bien envoyée au maire par la poste sous pli recommandé.

VII. — *Comment le sinistré constate-t-il que le maire a reçu sa déclaration ?*

Par un récépissé que le maire est obligé de lui délivrer ou de lui envoyer gratuitement.

VIII. — *Quand doit être faite la déclaration ?*

Sauf empêchement justifié (et d'ailleurs on sera très large sur ce point), la déclaration doit être déposée à la mairie dans un délai de quinzaine à partir du jour fixé par un arrêté préfectoral qui sera affiché dans toutes les communes d'un canton (ou d'une partie déterminée d'un canton).

IX. — *Comment est rédigée la déclaration de dommages ?*

Elle est rédigée sur papier libre, de préférence sur les formules imprimées fournies par les mairies ou par la Fédération des sinistrés (Paris, rue Taitbout, 3).

Le sinistré (et aussi le mandataire s'il y en a un) indique son nom, ses prénoms, son domicile, sa nationalité.

Il doit donner l'estimation globale des dommages qu'il a subis, en résumant l'évaluation dont nous parlerons dans la troisième partie.

Il doit encore, sous des peines assez sévères, déclarer s'il a déjà reçu une somme atténuant le dommage, par exemple le paiement d'une réquisition par l'autorité allemande ou française à un prix inférieur au prix réel, s'il a reçu du gouvernement des avances en semences, en chevaux de culture, en fourrages, si, en plus, les autorités françaises ont fait des réparations à ses maisons. Il n'y aurait pas lieu de déclarer les secours d'extrême urgence, les allocations de réfugiés accordés par les préfectures, les municipalités, les comités de secours ou les particuliers.

Enfin, le sinistré doit indiquer s'il demande à être entendu par les commissions cantonale et départementale.

Si les dommages sont importants ou si les pièces justificatives sont insuffisantes, le sinistré a tout intérêt à demander à se présenter ou se faire représenter devant les commissions.

Nous reviendrons plus loin sur les détails de la déclaration (2° partie) et sur l'évaluation des dommages (3° partie).

X. — *Que devient la déclaration de dommages ?*

Elle est examinée par la commission cantonale qui est chargée, non pas de fixer le montant des indemnités, mais seulement de constater et d'évaluer les dommages.

XI. — *Quels sont les membres de la commission cantonale ?*

Un juge,
Un représentant du ministre des finances,
Un représentant du ministre de l'intérieur,
Un représentant des maires du canton (ou son suppléant),
Un représentant du conseil municipal (ou son suppléant (1),
Les quatre premiers commissaires examinent les demandes de toutes les communes du canton ; le cinquième ne prend part qu'aux délibérations relatives aux demandes faites par les sinistrés de sa commune.

XII. — *Comment se renseigne la commission cantonale ?*

Elle examine les déclarations de dommages et les pièces justificatives qui y sont jointes ; elle peut convoquer le sinistré et même lui faire prêter serment ; elle peut se transporter sur place pour se rendre compte de l'étendue des sinistres ; elle peut entendre toute personne compétente, des agents du ministère des finances (percepteur, directeur de l'enregistrement...), du ministère de l'agriculture (professeurs d'agriculture, conservateurs des forêts, présidents d'associations agricoles...) ; en cas de fraude, elle peut transmettre son procès-verbal au procureur de la République pour qu'il soit procédé, s'il y a lieu, à des poursuites correctionnelles.

XIII. — *Comment le déclarant peut-il faire valoir ses droits devant la commission cantonale ?*

Il peut demander, dans sa déclaration, à être entendu ;

---

(1) Nous conseillons au représentant de la commune de présenter à la commission cantonale un rapport sommaire sur les causes des dommages de guerre de sa commune : bombardemens, incendie, durée du séjour des troupes, ordres de l'autorité militaire prescrivant l'évacuation ou interdisant l'accès des terrains, etc.

il peut se faire accompagner ou représenter par un sinistré de la commune ou un parent. Si le déclarant ne se présente pas, son mandataire devra être muni d'une procuration (1).

XIV. — *Comment les sinistrés connaissent-ils les décisions de la commission cantonale ?*

Les sinistrés sont informés par un avis du maire (affiches, publications par l'appariteur) qu'ils peuvent prendre connaissance, *à la mairie de leur commune*, de l'état récapitulatif des demandes et des évaluations relatives à la commune, état dressé par la commission cantonale, et *à la mairie du chef-lieu de canton*, du dossier les concernant. Les sinistrés peuvent ainsi comparer les évaluations de la commission et celles qu'ils ont faites, à condition qu'ils aient pris la précaution de conserver une copie de leur déclaration.

XV. — *Le sinistré peut-il réclamer ?*

Il peut, dans la quinzaine qui suit l'avis publié par le maire, former devant la commission départementale toute réclamation contre l'évaluation de la commission cantonale.

XVI. — *Quels sont les membres de la commission départementale ?*

Un juge,
Un représentant du ministre des finances,
Un représentant du ministre de l'intérieur,
Deux délégués des représentants des maires aux commissions cantonales (ou leurs suppléants).

---

(1) Modèle de procuration : « *Le sieur X..., qui a fait une demande en réparation du dommage à lui causé par les faits de guerre, donne pouvoir à M. Y... (habitant sinistré de la commune ou parent) de faire valoir ses droits à ladite réparation devant les commissions cantonale et départementale d'évaluation Les soussignés déclarent que ce mandat est purement gratuit.*

« *Fait à.............. le.............. 1915.* »

(Signature du déclarant.)   (Signature du représentant.)

Le maire certifie la signature de M. X.., sinistré. et de M. Y...

(Signature du maire.)   (Sceau de la mairie.)

XVII — *Que fait la commission départementale ?*

Après examen des réclamations des intéressés, elle revise le travail des commissions cantonales ; elle statue définitivement pour chaque demande individuelle sur la réalité et la consistance des dommages ; elle évalue le préjudice subi par le réclamant.

XVIII. — *Le sinistré peut-il être entendu par la commission départementale ?*

Oui, dans les mêmes conditions que pour la commission cantonale (voir n° XIII).

XIX. — *Peut-on encore faire appel des décisions de la commission départementale ?*

Non, car la commission supérieure fonctionne à peu près comme la Cour de cassation.

DEUXIÈME PARTIE

DÉTAILS DE LA DÉCLARATION

La formule officielle (1) groupe tous les dommages en huit chapitres.

CHAPITRE Ier

*Contributions de guerre imposées par l'ennemi
à la personne prise individuellement*

Il s'agit de contribution de guerre et non pas de l'impôt. Le déclarant dira si cette contribution a été exigée

(1) Si on utilise la formule officielle, on fera bien de tracer deux colonnes : l'une, à gauche, qui contiendra les numéros d'ordre des objets déclarés ; l'autre, à droite, où le sinistré inscrira les sommes représentant leur évaluation.

pour les besoins de l'armée ou de l'administration du
territoire occupé, ou bien pour toute autre raison.

CHAPITRE II

*Amendes infligées par l'ennemi à titre de pénalité
à la personne prise individuellement*

Le déclarant fera connaître l'acte ou le fait qui a motivé
l amende.

CHAPITRE III

*Réquisitions faites par l'ennemi et adressées directement
à la personne prise individuellement*

Il s'agit des réquisitions non payées ou insuffisamment
payées.

Le déclarant notera si l'ennemi a donné des ordres
et des reçus de réquisition ou autres pièces ; si ces
réquisitions étaient faites pour les besoins de l'armée
ou pour l'administration du pays ; si elles étaient en
rapport avec les ressources des habitants.

On fera bien de classer ces réquisitions suivant les divers services administratifs de l'armée : vivres, chauffage, fourrages, grains, transports, remonte, etc.

CHAPITRE IV

*Logement et nourriture des troupes ennemies imposés
directement à la personne prise individuellement*

Cette réquisition donne lieu à la même indemnité que
le logement et la nourriture des troupes françaises.

Cantonnement : par homme et par nuit, 0 fr. 05 ; par
cheval ou mulet, le fumier.

Logement : par lit d'officier et par nuit, 1 fr. ; par
lit de sous-officier ou soldat et par nuit, 0 fr. 20 ; par
place de cheval et par nuit, 0 fr. 05 et le fumier.

Nourriture : par homme, 1 fr. 25 par jour et 0 fr. 75
par demi-journée ; par cheval, 2 francs par jour.

CHAPITRE V

*Saisies d'objets de guerre faites chez le réclamant
par l'ennemi*

Armes, munitions, appareils électriques, appareils de
transport.

CHAPITRE VI

Dommages causés par l'ennemi

En parlant de l'évaluation (3° partie) nous signalerons les principaux dommages qui ont pu être causés.

Il y a lieu d'indiquer outre les dommages nécessités par les opérations militaires, les pillages, vols, incendies, destructions systématiques.

(Pour établir la liste de ces dommages, on utilisera un inventaire fait par un notaire lors de l'ouverture d'une succession ou un inventaire fait chaque année par l'intéressé. On peut encore faire une première description des objets en prenant successivement les locaux : cuisine, chambres à coucher, cave, greniers, grange, hangar.)

CHAPITRE VII

Dommages causés par les armées françaises

Mêmes observations qu'au chapitre précédent.

CHAPITRE VIII

Dommages ne rentrant pas dans l'une des catégories précédentes

En voici quelques exemples :

Les évacués, quand ils rentreront dans leurs foyers, pourront constater la réalité et la grandeur de leurs pertes ; mais souvent ils ne pourront dire si les dommages ont été causés par les troupes françaises ou les troupes ennemies ou même par des civils. Il y aura cependant perte de guerre et, par suite, droit à l'indemnité, si l'évacuation a été ordonnée par l'autorité militaire, si elle a été rendue nécessaire par le bombardement ou l'incendie, ou même par la menace sérieuse de bombardement ou d'incendie.

Les meubles et les récoltes rentrées dans les maisons ont pu être détériorés par les pluies, si les toitures ont été endommagées par le bombardement ; il y a lieu à indemnité.

L'autorité militaire, pour des raisons que nous n'avons pas à discuter, a refusé la permission de refaire un mur, une toiture qui avaient été atteints par le bombardement ; les détériorations qui en sont la conséquence donnent droit à indemnité.

L'autorité militaire a refusé l'autorisation d'aller au

delà des fils de fer ou des tranchées, ou bien au delà de 500, 1.000 ou 1.500 mètres ; il s'en est suivi que les récoltes ont été perdues, que les cultures et les ensemencements n'ont pu être faits : dommage de guerre ouvrant le droit à l'indemnité.

En raison de la continuité du cantonnement de nombreuses troupes françaises pendant six mois, dix mois et plus, en des villages plus ou moins sinistrés, les habitants ont subi une sorte d'expropriation de leurs maisons, de leurs jardins, de leurs champs, de leurs bois, qui n'est nullement compensée par le paiement de cinq centimes par jour. Si les sinistrés ne réclament rien pour compenser cet impôt très lourd, les commissions devront se montrer très larges dans l'évaluation des dommages de cette catégorie de sinistrés.

TROISIÈME PARTIE

ÉVALUATION DES DOMMAGES

Base de l'évaluation

Le déclarant doit *évaluer lui-même* chaque dommage, tout comme un vendeur propose un prix pour sa marchandise. Les commissions discutent les évaluations faites par le sinistré.

Cette évaluation doit-elle être basée sur la dépense nécessaire pour la reconstitution, le rétablissement des choses détruites ?

Ou bien l'évaluation doit-elle être la valeur qu'avait l'objet détruit au moment de sa destruction ?

Les instructions du ministère de l'intérieur et de la commission supérieure rejettent la première solution et admettent la seconde.

« Pour évaluer le dommage, dit le ministre, il conviendra de rechercher la valeur des objets enlevés, détruits ou détériorés au moment où se sont produits l'enlèvement, la destruction ou la détérioration ; il ne peut être question d'allouer aux sinistrés les sommes nécessaires pour la reconstitution ou la remise en état desdits objets »

Suivant la majorité de la commission supérieure, on doit : « Evaluer les dommages d'après la valeur des choses sinistrées et non d'après la dépense nécessaire pour leur reconstitution ». Elle a toutefois admis des exceptions à cette règle dans des cas peu importants ou spéciaux dont il sera parlé plus loin.

La somme représentant la valeur du dommage estimé suivant le principe du ministère et de la commission supérieure ne permettra pas, en général, de reconstituer les choses détruites, de racheter un outillage, de relever la maison.

Si l'Etat, dans les lois à venir, n'alloue pas, en sus du dommage, sous forme d'avance ou de prime à la reconstitution, des indemnités suffisantes, ce sera la ruine presque générale dans toute la région sinistrée. Il appartient au Gouvernement et au Parlement de pourvoir au relèvement économique de cette partie de la France.

Nous avons dit que, pour évaluer le dommage, il fallait se placer *à l'époque où il a été causé.*

En ce qui touche les objets mobiliers, meubles, récoltes, etc., ce principe ne donnera lieu dans l'application à aucune difficulté de droit ; il restera un point de fait parfois assez délicat : la détermination exacte du jour de l'enlèvement ou de la destruction.

Ainsi pour des récoltes incendiées par les Allemands, on prendra le cours des grains, pailles et fourrages au jour de l'incendie.

Pour les immeubles bâtis, comme il n'y a pas de cours, on prendra la valeur à l'époque qui a précédé immédiatement la guerre.

Règles à suivre
pour l'évaluation des dommages

I. — IMMEUBLES

1° *Propriétés bâties en général*

Les commissions sont invitées à se faire communiquer les estimations que les administrations financières ont pu faire des immeubles endommagés (dernière évaluation décennale des contributions directes), les actes dont les immeubles ont pu être l'objet à l'enregistrement dans les dix dernières années (vente, succession, échange, hypothèques, bail), les polices d'assurance contre l'incendie.

Ces bases d'évaluation seront souvent inexactes ; les polices d'assurance sont-elles bien faites ? Le prix d'achat d'une maison est-il le prix réel ? La valeur déclarée dans une succession est-elle bien la valeur d'un immeuble ? La valeur locative est-elle toujours correspondante à la valeur réelle ?

Quand ces bases d'évaluation seront inexactes, le sinistré fera bien de présenter des rapports d'experts (architectes, entrepreneurs...) (1) ; il aura intérêt à demander à défendre ses droits ou à les faire défendre devant les commissions.

Suivant la commission supérieure, s'il s'agit de menus dommages ou de simples détériorations, on devra se borner à évaluer le coût des réparations nécessaires, pourvu que ce prix ne dépasse pas le cinquième de la valeur de l'immeuble avant la guerre. Notons que, dans ce cas exceptionnel, la commission admet le principe de la reconstitution de la chose endommagée.

2° Dommages causés aux propriétés rurales (2)

Il y aura lieu, pour les bâtiments affectés à des exploitations agricoles de tenir plus spécialement compte de leur *valeur d'utilisation*, c'est-à-dire en fonction des services qu'ils rendent réellement sans qu'il puisse en résulter un enrichissement pour le sinistré.

A défaut d'indications précises et indiscutables, un élément intéressant peut entrer en ligne de compte ; c'est la relation moyenne qui existe, dans une région déterminée, entre la valeur des bâtiments ruraux et celle de la propriété foncière pour les domaines de grande, moyenne et petite culture.

A ces données générales, nous croyons devoir joindre quelques indications de détail concernant les diverses catégories entre lesquelles se répartit la richesse agricole et qui ont pu subir des dommages résultant de faits de guerre.

---

(1) Nous conseillons aux sinistrés d'une même commune de prendre les mêmes experts : les évaluations seront plus concordantes ; il y aura moins de frais d'expertise.

(2) Dans ce qui suit nous reproduisons à peu près textuellement l'instruction de la commission supérieure.

Outillage agricole. — Il est question ici des machines, moteurs, voitures, instruments, outils, harnais, mobilier exclusivement agricole du cultivateur, etc.

Les commissions doivent s'assurer que les déclarations sont bien en rapport avec l'étendue des cultures et avec la réalité des faits.

Les acquisitions justifiées par les sinistrés, les dépenses de réparation, les évaluations faites par les personnes compétentes, les baux avec cheptel vif ou mort seront d'une très grande utilité pour les évaluations des commissions.

Bétail de trait et de vente. — Les commissions doivent s'assurer que les déclarations relatives au bétail cadrent bien avec la réalité. Elles pourront se référer, à cet effet, à l'étendue et au genre des cultures. Les directeurs des services agricoles, les professeurs d'agriculture et les administrateurs des associations agricoles apporteront, à cet égard, aux commissions cantonales un précieux concours. L'évaluation pour les animaux sera représentative de leur valeur au moment de leur disparition.

Denrées agricoles. — Cet article comprend les pailles, fourrages, rentrés ou en meule, les grains, semences, tourteaux, sons, racines, tubercules, les provisions de ménage, etc. Ce sont les valeurs que représentaient ces objets *au moment du sinistre* que la commission d'évaluation doit chercher à préciser.

Les fumiers et engrais seront évalués d'après les principes ci-dessus établis.

Récoltes sur pied. — Les commissions auront à déterminer la valeur de ces produits au moment de leur destruction, en prenant pour base les valeurs admises dans le pays. Les experts locaux sont fréquemment appelés à des évaluations de cette nature et les prix moyens, connus et acceptés, devront simplement être adaptés aux cas envisagés.

Vignes. — Deux cas sont à considérer : le vignoble a été totalement ou partiellement détruit, ou la récolte dernière, seule, a été anéantie.

Dans le premier cas, les commissions doivent évaluer le dommage en tenant compte du coût de la replantation. Comme éléments d'appréciation entrent en ligne de compte toutes données relatives à la plantation, à l'encépagement, au greffage, à l'établissement sur échalas ou fils de fer, aux façons culturales, etc., suivant la coutu-

me du pays et la pratique du viticulteur. La valeur de la
vendange détruite, établie d'après la nature du cépage,
les données concernant les récoltes antérieures et la do-
cumentation relative à la récolte à évaluer, devra être
ajoutée à l'estimation de la replantation.

Les pertes ou diminutions de récoltes résultant de cette
replantation pourront se répercuter pendant trois, quatre
ou cinq ans suivant les milieux ; mais de cette perte, il y
aurait lieu de déduire l'augmentation de valeur du vignoble ainsi reconstitué. Les commissions devront s'ins-
pirer des coutumes locales dans ces évaluations dont le
montant total ne saurait être supérieur à la valeur du
vignoble au moment de sa destruction.

Cette dernière observation s'applique aux deux para-
graphes suivants : houblonnières et vergers ou jardins (1).

Houblonnières. — Le cas de la houblonnière est analo-
gue à celui du vignoble : si la houblonnière est détruite
en tout ou en partie, on doit évaluer les frais de reconstitution sur perches ou fils de fer, pour la remettre en l'état
antérieur, et on ajoutera la valeur de la récolte si elle
est perdue, ainsi que celle des moins values annuelles,
mais en déduisant l'accroissement de valeur de la houblonnière pouvant résulter de sa reconstitution.

Si la récolte seule a été anéantie ou détériorée, l'estimation doit représenter la perte réelle, relativement
facile à fixer dans ce cas.

Vergers, jardins. — La règle qui préside à la fixation
du dommage dans les cas du vignoble et de la houblonnière a son application en matière de vergers. Si
un verger est détruit en totalité ou en partie, il doit être
virtuellement rétabli tel quel, en qualité et nature de
plants. Les déclarations doivent donc indiquer le nombre d'arbres détruits, les espèces, leur productivité
moyenne, etc., et l'évaluation sera représentative des
dépenses de fourniture de plants, de replantation, de
greffage, etc., c'est-à-dire de remise en état du verger.
On ajoutera à ces sommes la valeur de la dernière
récolte détruite, celles des diminutions ultérieures de
récolte, en déduisant, s'il y a lieu, du montant global
de l'estimation, la plus-value résultant de cette remise
en état.

Pépinières. — L'estimation, dans ce cas, est simple :
elle dépend du nombre et de la valeur marchande cou-

---

(1) Le cas des oseraies est le même que celui des vignes, houblonnières et vergers.

rante des sujets détruits, suivant l'âge et l'espèce. L'inventaire des plants, les prix de vente normaux devront être fournis à la commission.

Façons culturales. — Dans le cas où les terres ensemencées ou simplement préparées pour recevoir les semailles auraient été endommagées par les manœuvres de guerre ou le passage des troupes, l'estimation des façons données et des emblavures faites aura lieu suivant la coutume du pays.

Champs de combats et tranchées. — La reprise des travaux agricoles nécessitera, au préalable, l'enlèvement des obus, de ceux tout au moins qu'ils est possible de repérer.

Il faudra, d'autre part, combler les tranchées qui, dans certains cas, sont de véritables fortifications, occupent des surfaces considérables et affectent les couches profondes du sol et du sous-sol. L'évaluation portera en conséquence :

Sur les travaux de démolition, si les ouvrages sont importants (maçonnerie, béton, charpente, clayonnages, etc.) ;

Sur ceux de recomblement ;

Sur ceux de nivellement ;

Autrement dit, sur la remise en état du terrain.

En cas de destruction des drainages, clôtures, canalisation, etc., on devra déduire la valeur des matériaux utilisables restant en la possession de l'ayant droit.

Enfin, en cas de dépréciation persistante du sol résultant de son bouleversement et de son recouvrement par des couches infertiles, les commissions devront estimer la somme nécessaire pour la remise en état des terres et mettre en regard la valeur du terrain déprécié dans son utilisation.

En ce qui concerne les chemins privés. l'évaluation portera également sur les dépenses nécessitées par leur réfection.

3° *Dommages causés aux forêts :*

Les dommages causés aux propriétaires forestiers sont classés :

1° En dommages causés aux bois exploités ;
2° En dommages causés aux peuplements sur pied ;
3° En dommages causés au fonds.

1° *Dommages causés aux bois exploités :*

Si des bois exploités ont été détruits ou ont disparu

par suite de faits de guerre, on les estime d'après leur valeur marchande. Les prix à appliquer sont les prix des *bois en forêt*, c'est-à-dire les prix aux centres de vente ou de consommation, *déduction* faite des frais de transport.

2° *Dommages relatifs aux peuplements sur pied :*

Ces dommages s'évaluent en estimant à la valeur qu'avaient pour leur propriétaire les bois endommagés ou détruits, sauf à déduire, s'il y a lieu, le *sauvetage*.

Si les bois endommagés ou détruits étaient suffisamment âgés pour être considérés comme commercialement exploitables, on les estime à leur valeur marchande ou mieux de consommation. Sinon, on les estime à leur valeur dite d'avenir, c'est-à-dire en fonction de la valeur qu'ils auraient obtenue au moment où ils seraient devenus exploitables et en faisant les opérations d'escompte appropriées, la forêt étant assimilée à un capital qui fonctionne à intérêts composés.

Cette valeur d'avenir est donnée par une formule établie au moyen : 1° du revenu à l'âge d'exploitation normale ; 2° de l'âge auquel le peuplement a été coupé ou détruit, et 3° du taux de placement des fonds engagés dans la forêt considérée.

3° *Dommages causés au fonds :*

Aucune règle spéciale n'a été indiquée pour l'évaluation des dommages causés aux chemins, maisons, scieries et aux autres bâtiments dépendant des forêts.

Les dégâts résultant du bouleversement du sol et de la destruction de l'ensouchement des taillis ou de l'ensemencement des coupes de futaies s'estiment en évaluant la somme à dépenser pour rétablir l'ancien état du sol. Lorsque ce rétablissement ne pourra pratiquement se faire que d'une manière imparfaite, une évaluation compensatrice sera établie.

Réquisitions de bois. — Les réquisitions de l'ennemi sont des faits de guerre.

Lorsqu'il s'agit de la réquisition des bois exploités, le propriétaire peut avoir subi un dommage même si l'ennemi lui a payé le prix des bois applicable à la catégorie des produits visés par la réquisition. Il se peut, en effet, que l'autorité allemande ait réquisitionné comme bois de chauffage et payé comme tels des bois propres à l'industrie.

La même perte peut avoir été infligée au propriétaire

par la réquisition de bois sur pied. Les réquisitions de l'espèce peuvent avoir eu en outre tous les inconvénients des coupes ou destructions des peuplements sans réquisitions. En conséquence, elles donnent lieu aux mêmes évaluations.

Il y a lieu de faire également état des réquisitions des troupes françaises ou alliées, lorsque les intéressés n'ont pas observé les formalités et délais prévus par la loi de 1877.

4° *Dommages causés dans les cimetières*

L'évaluation des dommages de cet ordre ne peut être faite d'après des documents administratifs, puisqu'il s'agit de biens hors du commerce, échappant à tout impôt.

L'estimation sera donc basée sur la déclaration contrôlée au moyen d'une enquête.

Les requérants pourront produire à titre d'indication des devis, dessins, mémoires et factures, et recourir au témoignage des gardiens des cimetières.

II — ÉVALUATION DES DOMMAGES CAUSÉS AUX MEUBLES

A. — *Règles générales*

La règle qui domine dans la matière est que l'évaluation du dommage est basée sur la valeur de l'objet perdu ou détruit *au moment du sinistre*. Les instructions suivantes ont pour but d'arriver à une appréciation aussi exacte que possible de cette valeur.

Pour les dommages concernant les objets mobiliers, autres que les valeurs et les titres qui font l'objet de dispositions spéciales, la commission cantonale devra exiger une déclaration détaillée et estimative afin de rendre la vérification du dommage plus facile et de permettre d'apprécier la sincérité de la réclamation. Elle dépouillera chaque déclaration de façon à classer les dommages dans les quatre catégories suivantes :

1° *Meubles meublants ;*
2° *Linge et effets ;*
3° *Objets d'une valeur exceptionnelle ;*
4° *Autres objets mobiliers.*

1° *Meubles meublants ;* 2° *Linge et effets :*

En ce qui concerne les objets mobiliers compris dans les deux premières catégories, la commission devra comparer les divers éléments de justification que le réclamant pourra produire à l'appui de sa demande :

a) Police d'assurance ;

b) Factures, quittances, registres ou papiers domestiques, etc., avec ceux qu'elle serait à même de se procurer auprès des administrations publiques et notamment auprès de l'enregistrement ;

c) Attestation de deux témoins de la commune dont la signature sera légalisée par le maire.

3° *Objets d'une valeur exceptionnelle :*

Pour les objets d'une valeur exceptionnelle qui ne peuvent être considérés comme meubles meublants, la commission devra demander au déclarant communication de sa police d'assurance. Puis elle s'efforcera de recueillir tous les éléments d'information qui permettraient d'en contrôler les estimations, notamment les documents ayant date certaine, susceptibles d'attester l'existence des objets et d'en fixer la valeur.

Au cas où cette comparaison ne pourrait être établie, si la commission se trouve en présence d'actes authentiques permettant l'identification des objets remontant à moins de dix ans, elle prendra pour base l'estimation portée dans ces actes ; si la commission se trouve en présence de la seule police d'assurance, elle en réduira d'office la valeur de moitié, — *sauf à l'intéressé*, dans les deux cas, *à produire la preuve contraire.*

Au cas où aucun document écrit n'existerait, la commission sera amenée à recourir à l'avis de personnes compétentes.

4° *Autres objets mobiliers*

Cette catégorie comprend tous les objets qui n'ont pas été classés dans les précédentes et dont on ne saurait donner une énumération complète : chevaux, voitures, denrées, etc.

Il appartiendra à la commission de contrôler les revendications de cet ordre dans la mesure du possible et de ne retenir que celles pour lesquelles le déclarant produira des preuves certaines.

En aucun cas, les pertes de créances ne pourront être admises, les revendications de l'espèce étant de la compétence des tribunaux.

La disparition des espèces (numéraire et billets de banque) ne pourra être retenue qu'autant que la preuve circonstanciée de la dépossession sera formellement rapportée.

CAS DES TITRES OU VALEURS DÉTRUITS OU DISPARUS

Les dommages ne sont qu'éventuels et non certains, puisqu'il existe des moyens légaux de remédier à la perte d'un titre qui représente le droit mais non pas la chose.

La Commission devra :

1° Demander à l'intéressé s'il s'est conformé aux prescriptions légales en mettant opposition sur les titres ou coupons qui auraient été, depuis le 2 août 1914, perdus, volés, détruits (1).

2° Préalablement à toute déclaration, demander justification de l'accomplissement de ces formalités ;

3° Inviter le déclarant à indiquer sur quels moyens et sur quels documents il compte pouvoir justifier sa demande, afin de rentrer le plus tôt possible en possession de ses valeurs perdues, volées, détruites, notamment : bordereau d'achat, compte-courant, lettres d'avis, indication des banques ou caisses qui ont effectué les achats, payé les coupons, dates auxquelles ces opérations diverses ont été faites, correspondance, production de livre et toutes autres pièces présentant un caractère justificatif.

L'intéressé aura à établir sur une *formule spéciale* le montant de sa déclaration : 1° en totalité ; 2° par nature de rentes et titres divers et par nature de coupons français : Rentes françaises. — Titres divers français, actions, obligations. — Rentes et fonds d'Etat étrangers. — Titres divers étrangers, actions et obligations. — Autres titres.

Il lui en sera donné acte et la commission cantonale conservera cette déclaration.

----

(1) Le sinistré fera bien de s'adresser à une banque pour faire opposition.

CONCLUSION

Les commissions vont pouvoir se mettre à l'œuvre et examiner les demandes dont la solution est impatiemment attendue par les intéressés. Dans les régions qui, après avoir subi les ravages de la guerre, sont actuellement libérées de l'invasion, leur fonctionnement normal doit immédiatement commencer. Dans les régions envahies,, il faut, dès à présent, tout préparer pour que la mise en marche des travaux des commissions suive, pour ainsi dire, pas à pas l'évacuation du sol national.

Ainsi, au fur et à mesure que les autorités françaises reprendront la place de l'envahisseur, ces populations si éprouvées, matériellement et moralement, au moment même où elles se retrouveront sous l'égide de nos lois, verront s'ouvrir l'ère des légitimes réparations. Leur premier contact avec les représentants de la mère-patrie se produira sur le terrain d'une fraternelle solidarité : la première œuvre que le gouvernement aura à cœur d'accomplir dans ces territoires dont les habitants ont, pendant de longs mois, vaillamment supporté le poids de souffrances exceptionnelles pour la défense commune, devra être une grande œuvre de justice sociale.

NOTE DE M. PAUL GENAY

Président du Comice de Lunéville

L'importance des bâtiments d'une ferme par rapport à la surface des terrains est très variable. Les bâtiments d'une ferme de 100 hectares pourraient coûter de 100.000 à 300.000 francs.

Il y a pour une valeur de 100 à 300 francs de cheptel vivant à l'hectare.

On peut évaluer de la façon suivante le rendement à l'hectare :

Blé : grain, 1.500 kilos ; paille, 3.000 kilos ;
Seigle : grain, 1.600 kilos ; paille, 3.500 kilos ;
Orge : grain, 1.800 kilos ; paille, 2.500 kilos ;
Avoine : grain, 1.500 kilos ; paille, 2.000 kilos ;
Pois : grain, 1.800 kilos ; paille, 1.000 kilos ;
Lentilles : grain, 1.000 kilos ; paille, 1.500 kilos ;
Fèverolles : grain, 1.500 kilos ; paille, 2.000 kilos ;
Betteraves : 35.000 kilos ;
Pommes de terre : 15.000 kilos.
Prairie naturelle : 1re coupe, 2.500 kilos ; regain, 1.000 kilo ;
Luzerne : 1re coupe, 4.000 kilos ; 2e coupe, 2.000 kilos ;
Trèfle : 1re coupe, 3.500 kilos ; 2e coupe, 1.500 kilos ;
Minette : 2.000 kilos.

Le prix du battage des céréales peut être estimé à 2 francs par 100 kilogrammes.

Pour arracher et rentrer les pommes de terre et les betteraves, on peut compter 200 francs à l'hectare.

Nancy. — Ancienne Imprimerie Vagner, rue du Manège, 3.

Le sinistré qui voudra rebâtir sa maison détruite fera bien de l'indiquer dans sa déclaration.

Outre la valeur vénale portée dans la déclaration, il produira un devis de reconstruction.

Nous conseillons de constituer dans chaque commune un *Comité local des dommages de guerre* qui établirait la moyenne des rendements des terres à l'hectare et les prix courants des denrées au moment du sinistre ; il signerait les attestations qui, faute· d'autres pièces justificatives, seront produites par les sinistrés pour affirmer l'existence des dommages et en faire l'évaluation ; il aiderait les évacués et les femmes des mobilisés à remplir les déclarations de dommages. Ce Comité comprendrait : le représentant de la commune à la Commission cantonale, des conseillers municipaux, des administrateurs des œuvres sociales de la commune, etc...

PRIX

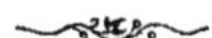

40 centimes l'exemplaire

(5 centimes en plus par la poste)

RÉDUCTION PAR QUANTITÉ

En vente à l'Office Social, Salle Déglin, Nancy, et dans toutes les principales Librairies de Nancy.

Une permanence, donnant des consultations *gratuites* sur toutes questions, notamment sur celles relatives aux dommages de guerre, est ouverte à la Salle Déglin, tous les jours, de 10 heures à midi (les dimanches et jours de fête exceptés).